감성시인박하영의두번째시집
직박구리 연주회

직박구리 연주회

초판 발행 2009년 10월 30일
지은이 박하영

펴낸이 안창현 **펴낸곳** 코드미디어
북 디자인 Micky Ahn **편집디자인** 장민서
교정 교열 황기도 이진 **사진** 유원순
등록 2001년 3월 7일
등록번호 제 25100-2001-5호
주소 서울시 은평구 갈현1동 419-19 1층
전화 02-6326-1402 **팩스** 02-388-1302
전자우편 codmedia@codmedia.com

ISBN 978-89-962704-4-7-03810

정가 10,000원

감성시인박하영의두번째시집
직박구리
연주회

작가의 말

직박구리 연주회

시도 잠을 자는 시간이 필요했던 것 같다

늘 동분서주 하다보면 내가 뭘 하는지 내가 있기는 한 것인지 자문 할 때가 있다. 나는 있으면서도 없는 듯, 내가 느끼고 써야 할 것들을 미루고 살아왔기에 늘 공허했다. 늘 허공에 떠 있는 것처럼 외롭고 초조했다. 그래서 잠시 시는 잠속에 빠져 있었던 것 같다. 이제 나를 깨우고 나를 찾기 위해 분발 할 때가 온 것 같다. 있으면서도 없는 나를 발견하는 일, 그것이 시를 쓰게 하는 방법이라고 믿기에.

그동안 너무 미루어 왔던 시를 청산하고, 점검하고 확인하는 일, 잠자던 나를 일깨워 새로운 나로 탄생시키는 일, 그 일이 시를 쓰게 한다고 믿기에 무엇보다 시급하다. 무던하게도 느려왔던 발걸음의 보행을 한 박자 빨리 내딛는 일, 그 길이 내가 꿈꾸고 목표하는 문학의 길이고 인생의 길이다. 이제 시의 잠에서 깨어나 내 발걸음은 당당하게 남은 길을 뚜벅뚜벅 걷는 일이다.

2009년 늦은 가을에
분당에서

박하영

차례

작가의 말 5p
작품 해설 : 지연희, 「무한대의 우주를 순례하는 나비의 날갯짓」 139p

1 나비이고 싶다

유리창 12
사랑하고 싶다 14
나비이고 싶다 15
널 비껴 간 날 16
내가 너를 생각함은 17
혼자 가는 길 18
그럴 수 없다 하네요 19
눈물 속에 피는 꽃 21

꿈일지 모르던 소망 하나 23
어느 간이역 쯤 내리고 싶다 24
그 소리 지금 어디서 들으랴 25
네가 가버린 날 27
이별의 긴 둑길 29
길 떠나는 아침 30
밤기차를 타고 32
시간의 뒤안길 34
꽃지에서 35
고향 들녘 36

2

그 겨울

그 겨울 40
민들레 영토 42
개망초 43
바람 부는 날 44
버팀돌 46
꽃의 반란 47
꽃을 매달고 흐르는 섬진강 48
갈대의 외침 49
그리움을 만나려면 50
그리움 탓 51

꿈의 궁전 52
사랑의 보따리 53
내 길을 가듯 그렇게 가리 55
눈이 내린다 56
딸에게 58
내 친구 그녀는 59
절망의 늪을 건너는 사람아 61
고3 딸들에게 63

차례

3
직박구리 연주회

사랑 한 조각 66
직박구리 연주회 67
젊은 날은 가고 68
세상사 둥글둥글 70
기분은 짱 71
태풍 전야 73
흔들리며 가네 74
습지공원에서 75

가을 산 76
오늘 못 본 황산 77
허브 마을을 찾아 79
시신봉에서 81
증도, 엘도라도의 밤 82
돌이 웃고 있다 84
아리조나 인디언 마을 86
안개에 떠밀려 횡성에 가다 87
죽녹원에 들린 발길 88
관방제림 둑길 89

4

촛대 바위

촛대 바위 92
탄천에 밤이 내리면 93
북한강으로 간다 95
물소리 96
안흥항 97
저물어 가는 바다 99
실미도의 바람 100
시화호를 건너며 101
영흥도의 밤 102

파도의 울음소리 103
무의도 104
빛이 갈라지는 선상에서 105
저무는 소래 포구 107
향일암의 새벽은 열리고 109
뗏목을 타고 110
바다는 삶을 충전시키는 중 111
아오시마 팜비치에서 112
나이아가라 폭포에서 113

차례

5

봄빛따라 왔더니

봄소식 116
봄을 담아 오다 117
산동 산수유 마을 118
봄 마을 119
봄 캐러 가는 길 121
할미꽃 122
봄빛 따라 왔더니 124
란 향에 즈음하여 125
논두렁의 향기 126

동백 숲에서 127
억새풀 128
백두산에 올라 129
발왕산 올라서서 130
아파트 숲속 131
바람 바람 바람 132
이 세상 끝난 날 133
이별의 밤 135
인생의 종착역 137

1 나비이고 싶다

유리창
사랑하고 싶다
나비이고 싶다
널 비껴 간 날
내가 너를 생각함은
혼자 가는 길
그럴 수 없다 하네요
눈물 속에 피는 꽃

꿈일지 모르던 소망 하나
어느 간이역 쯤 내리고 싶다
그 소리 지금 어디서 들으랴
네가 가버린 날
이별의 긴 둑길
길 떠나는 아침
밤기차를 타고
시간의 뒤안길
꽃지에서
고향 들녘

유리창

그대는 있는 그대로일 뿐
전혀 거짓을 모릅니다

해 뜨는 날은 해 뜬 대로
세상을 적나라히 비추이고
비가 오면 비온대로
온통 눈물범벅이 됩니다

하늘의 마음을 대신하여
그대는 웃을 수도
울 수도 있습니다

눈 내리는 날은 온통
신비의 얼굴이 됩니다
하얀 세상이 그대 마음까지
하얗게 물들이나봅니다

오늘 하루도 그대 안에
진실의 틀을 저장 해놓고
있는 그대로

어김없이 세상을 비춥니다

사랑하고 싶다

멀리 있어 아름다워 보이는 세상의 모든 것들
멀리 있어 그리워하고 동경하는 가슴 따뜻함
멀리 있어 보고 싶고 가까이 하고 싶은 애틋함
멀리 있어 다독여주지 못하는 가슴 아픔
멀리 있어 건네주지 못하는 내 소중한 것들

더 가까이 가까이 곁에 두고 싶지만
차마 모르는 척 멀리 두고 그리워하는
세상의 모든 안타까움
혼자 다스리며 쓸어내리고 있다

사
랑
하
고
싶
다

나비이고 싶다

나 죽어서 나비가 될까

내 생에 날지 못하던
퍼덕이던 두 날개
이 꽃 저 꽃 분분히 날 수 있는
나비가 될까

벗어 날 수 없는 장벽에서
나래 접으며 살아야하는
이 굴레를 벗어나
무한대의 우주 순례하며
하늘하늘 춤추는
나비가 될까

내 육신 흙이 되면
내 영혼 나비가 되어
우주 끝까지 자유롭게 비행하는
나비이고 싶다

널 비껴 간 날

내가 걸었던 길
네가 스치고 지나가고
네가 걸었던 길
내가 스치고 지나가도
모르는 척 세월은 잘도 흐르더군

망각을 뒤집어 쓴 망령들은
점점 잔주름을 그어놓고
어느 날 모르는 척
네 옆을 비껴가고 말았어
넌 나를 못 보았다고 생각해
나도 널 쳐다보진 못했으니까

모진 운명의 장난일 뿐
누구 탓도 아니라고
고개를 흔들면서도
난 왜 저 강가에
첨벙 돌을 던지고 싶은 걸까

내가 너를 생각함은

내가 너를 생각함은
고향 냇둑에 피어나던 패랭이꽃
앙징스레 고운 얼굴에
생글생글 웃음 터트리던
그 꽃을 닮았기 때문이다

내가 너를 기억함은
길목마다 여린 꽃을 피어
한들한들 춤을 추던 꽃
바람결에 흔들리면서도 꺾이지 않고
당차게 일어서는 그 모습 때문이다

내가 너를 그리워함은
역경 속에서도 고운 모습 잃지 않고
희망의 눈빛을 보여주던 너
시련을 무던히 견디면서도
늘 청순한 미소를 잃지 않았기 때문이다

혼자 가는 길

늘 같이 가는 길이라 하더라도
더러는 혼자 가는 길이 있다
더불어 함께 가는 길도 즐겁지만
혼자서 가는 길은 더 많은 생각을 하기 마련

어차피 언제인가는 혼자이기 마련이라고
혼자가 되기 위해 외로움을 감수해야 한다고
그 날을 위해 혼자라는 연습을 해야 한다고

어차피 한줌 흙이 될 목숨인 것을
욕심을 비우고 가장 가난한 몸으로
가장 평화로운 마음으로
혼자 가는 길을 준비해야 한다고

그럴 수 없다 하네요

한 짐 지고 가는
그대의 무거운 짐

때로는 힘들어
팽개치고 싶었겠죠

뿌리치고 훨훨
날고 싶었겠죠

차마 그럴 수 없어
짊어지고 온 그대의 삶

뾰족하고 둥글고
세모 네모지고
온갖 풍상 다 서렸구려

그대 백발성성하여
힘겨워 보이지만

짊어진 짐 보따리

내려놓으라 해도

눈감는 날까지는
그럴 수 없다 하네요

눈물 속에 피는 꽃

내 살아온 일기장 속엔
맑은 날 보다
눈비오고 바람 부는 날이 더 많았습니다

조그만 일에도
곧잘 상처 받으면서
걸핏하면 비구름을 만난 듯
뚜두둑 빗방울을 떨구었습니다

지긋한 인고의 세월이 흐른 지금
설움에 겹던 눈물은
내 인생의 밑거름이 되어
마음의 정원에
한 송이 꽃으로 피었습니다

오늘 이 시간 흐르는 눈물은
당신의 깊고 큰 사랑이
정화 시킨 행복의 눈물입니다

결국 산다는 것은

살아온 발자국 마다
수없이 뿌렸던 눈물 속에서
어여쁜 한 송이 꽃을 피우는 일입니다

꿈일지 모르던 소망하나

꿈일지 모르던 소망하나 심어놓고
물을 주고 거름을 주고 김도 매고
그러던 어느 날 그 소망 하나
한 송이 꽃으로 피어났습니다

시들지 않고 지지 않는
향기로운 꽃으로
가득 기쁨을 터트렸습니다

기쁠 때나 슬플 때나 나를 다독여주는
내 마음의 꽃밭
예쁜 꽃들로 활짝 피워
마음을 환히 밝혀줍니다

어떤 어려움이 있다 해도
이겨 낼 수 있는
희망의 버팀목이 되리니
꿈이어도 좋을 소망 하나
또 한그루 심으렵니다

어느 간이역 쯤 내리고 싶다

깊은 밤 잠 못 이룰 때
이 밤을 타고 흘러가다
어느 간이역 쯤 내리고 싶다

그 곳에서 나 홀로 아침을 맞으리
그 아침은 나만의 아침이 되어
새롭게 나를 일깨우리

간이역에 비추는 햇살은
나의 희망이며
나의 의지가 되리

나는 잠시 머물다
다시 떠나는
그 아침의 고적한 기차를 타리

햇살을 더불어 싣고
다시 돌아오지 않는
그 아침의 시간을 위해
나는 또 떠나리

그 소리 지금 어디서 들으랴

어렸을 적 닭 울음소리
새벽 하늘을 가르며
하루를 깨웠다

조용히 잠들었던 산천이
부스스 기지개를 켜고
사람들도 눈 비비며
하루를 열었다

그 소리 지금 어디서 들으랴

간혹
핸드폰에서 끼억거리고
조류독감에 걸려
쿨럭이며 다가와
옛날처럼 푸닥푸닥 알을 낳고
둥우리 틀고 앉아 병아리 까던
그 시절은 어디로 꼭꼭 숨어버리고

무정란을 쏟아내는

쇠창살 같은 닭장 속에 갇힌 닭은
슈퍼마켓 포장된 닭으로
팔려나간다

제발 올해의 닭은
조류독감 훌훌 날려버리고
시골집 담장 안에 둥우리 트는
푸근한 모습으로 다시 돌아오라

네가 가버린 날

네가 가버린 날
꽃비가 내리고 있었다

불러도 불러도 돌아보지 않고
네 모습은
꽃비 속에 묻혀버렸다

가슴엔 휑한 바람이 불고
내 눈은 젖어 흘렀다
너는 정녕 오지 않을 것이기에

네가 가버린 날
하늘이 무너지고 있었다

가지 말라고 마음으로 외쳐도
무정하게 돌아서 가던 너
네 모습은
꽃바람 속에 흔들리며 멀어져갔다

오늘도 나붓나붓 꽃비는 내리는데

네 모습은 환영이 되어
내 마음을 송두리째 흔들고 있다

이별의 긴 둑길

이별의 긴 둑길에서
말없이 돌아 섰어요
바람이 불어와 머리칼을 날리고
마음속 깊은 동굴까지 파고들었죠

온통 검은 파도 휩쓸어와
마음은 출렁이고
둑길에 핀 들꽃까지
마냥 고개를 흔들었죠

뒤돌아보면
내 발길 잡을 것 같아
앞만 보고 걸었어요

긴 둑길은 끝없이 이어지고
강줄기는 서럽게
가슴속으로만 흐르데요

길 떠나는 아침

길 떠나는 아침이면
무작정 좋아라

찌푸린 하늘이어도 좋고
비가 부슬대도 좋고
눈발이 휘날린다면
더욱 좋아라

길이 뻥 뚫려 쌩쌩 달려도 좋고
차가 막혀 더디 가도
그 또한 좋아라

휴게소에 들려
우동 한 사발로 요기하고
커피 한 잔 마시면
동행하는 사람들의
정다운 나눔의 담소
훙건히 녹아 흘러라

창밖으로 스치는 풍경

닫혔던 마음의 문이 열리고
새롭게 다가오는 세상
어서 오라 손짓하니
이 세상 부러울 게 하나 없어라

밤기차를 타고

창밖으로 스치는 짙은 어둠의 바다
간혹
동화 마을 같은 불빛이 신비롭게 밝혀지고
스치는
간이역마다 조을고 서있는 가로등

사람들은
꿈을 꾸는지 깊은 잠속에 빠져 있고
긴 어둠의 터널을 지나
새해의 기대와 열망을 품고
밤을
거슬러 오는 해맞이 무리들

동해에 꿈틀거리는 태동이
붉게 핏물로 번지며
출산을 알리는 시각

마침내
정동진에 도착한 해맞이꾼들
바다로 달려가 합창한다

새해 소망을 담아
새롭게 태어난 해님
금싸라기 광채로
찬란히 떠오른다

시간의 뒤안길

한 해가 뉘엿뉘엿 저물고 있다
어둠이 내리는 도심 사이로
저무는 해의 끝을 잡고
자꾸만 서성이는 건 왜일까
휘청거리는 한해의 물결 속에
던져버린 건 뭐고 건져 올린 건 뭘까
자고 세면 우후죽순처럼 불어나던 말꼬리
들썩거리던 정치권의 분열과 대립
부지기수로 치솟던 집값과 세금
출렁이던 고유가와 환율의 파장
간담을 서늘케 하는 사고와 사건들…….
소통보다는 불통이 희망보다는 절망이
대책 없이 난무하는 허기진 거리에서
만선의 꿈은 멀기만 하고
풍랑 속에 뒤척이는 한 척의 배
아직도 꿈을 꾸는지
구불구불 긴 궤적을 남기며
시간의 뒤안길로 저물고 있다

꽃지에서

여고시절 친구들 꽃지로 다 모였다
하얀집 펜션에서 추억의 보따리 풀고
웃고 떠들며 세월을 거슬러 올라가
여고시절이 되었다

얼굴엔 잔고랑 머리엔 억새풀 피었어도
마음은 18세 교복 입은 소녀들
마음의 문 활짝 열고 벽과 벽 다 무너뜨리고
그 시절 깨 쏟아지는 그리움을 뱉어 냈다

저만치 남은 삶의 텃밭에 농익은 과일처럼
티없이 웃는 얼굴 위로
서른 다섯 해 세월의 그늘이 걷히고
꽃지 해변엔 붉은 노을이 타고 있었다

고향 들녘

가을이 익어가는 고향 들녘
흙냄새 풋풋이 코끝을 스미는 밭두렁에선
톡톡 콩 까지는 소리 정적을 더하고
호박 넝쿨 속에 남산만큼 큰 배 숨긴 누런 호박
앉아서 쉬었다 가라한다

토박이 친구들 다 떠난 동네
물장구치며 멱 감던 시냇가
잡풀 무성한 도랑물 되고
노인들 몇 정자에서 동네를 지킬 뿐

초가지붕들은 기와지붕으로 바뀌고
우물물은 메말라 온 데 간 데 없고
탱자나무 울타리 시멘트 담장으로 바뀌어
모두 새 단장은 했지만

옛 초가삼간 집
탱자나무 울타리가 너무 그리워서
눈물 나게 옛 고향 생각하다가

터벅터벅 오던 길 돌아갈 수밖에

"결국 산다는 것은
살아온 발자국 마다
수없이 뿌렸던 눈물 속에서
어여쁜 한 송이 꽃을 피우는 일입니다"

2 그 겨울

그 겨울
민들레 영토
개망초
바람 부는 날
버팀돌
꽃의 반란
꽃을 매달고 흐르는 섬진강
갈대의 외침

그리움을 만나려면
그리움 탓
꿈의 궁전
사랑의 보따리
내 길을 가듯 그렇게 가리
눈이 내린다
딸에게
내 친구 그녀는
절망의 늪을 건너는 사람아
고3 딸들에게

그 겨울

하늘도 퍼렇게 얼어 있었다
바람은 서슬 퍼렇게 전봇대 사이로 윙윙 비명을 지르고
아파트도 쩍 갈라질 듯 땡땡 얼어붙어
온기라곤 조금도 없는 냉방에서
냉방보다 더 추운 상념에 떨며
싸늘히 얼어가던 그 겨울
영하의 날씨와 냉방의 추위는
그를 저 빙하의 계곡으로 떠밀었다

스키를 타고 연을 날리던 그런 날도 있었을 텐데
따뜻한 온돌방에 앉아 밤을 구워먹기도 하였을 텐데
따끈한 커피와 녹차를 마시기도 했을 텐데
그런 날들은 꿈속처럼 아련하고
시퍼런 비수의 칼날이 얼어붙은 상념을 난도질하고 있었다
누군가 불을 피워주고 따뜻한 말 한 마디 건내줄
친구라도 있었다면 그의 몸은 녹고 있었을 텐데

창밖 아파트 사이론 흰 눈이 분분히 휘날리고 있다

민들레 영토

쬐그만 고개 내밀고
넓은 세상 우러러
노란 웃음 환히 쏟아내고

언땅 포근히 다독여
따스한 마음 포개주면
언덕마다 들길마다
모락모락 솟아오르는 김

우주 한 귀퉁이 뚫고
쏘옥쏘옥 터지는
샛노란 웃음
활짝 길섶에 머문다

개망초

언덕에 하얗게 떼 지어
하늘하늘 춤추는 무리
작고 보잘 것 없는 잡초

멋대로 내버려 두어도
끈질긴 생명으로 다시 태어나
하늘 향해
하얗게 손을 흔든다

수수한 차림
청순한 미소
잔잔한 흔들림
한갓 풀꽃이기엔
꿋꿋한 자세

생을 붙들고 일어서는 억척스러움
더불어
하늘거리는 법을 터득한
그 이름 망초 중에
개망초

바람 부는 날

마음이 답답하고 외로울 땐
어디론가 탈출을 꿈꿀 때가 있다

숨 막힐 것 같은 현실이 나를
가두었다고 생각 될 때
금방이라도 뛰쳐나오고 싶은 충동이
나를 유혹했던 적도 있다

이렇게 바람 부는 날 길을 나서면
숨 막힌 가슴이 툭 트이고
답답한 마음이 환히 열린다

바람이 흙먼지만 날리는 게 아니고
마음속 깊이 잠재된
우울 갈등 번민까지 날려버린다는 걸
아는 사람은 알 것이다

억새풀 혹은 갈대숲이 휘날리는 날엔
바람을 만나러 어디론가 길을 나서면
내 마음의 병이 치유되는 것을

아는 사람은 알 것이다

버팀돌

남 보기엔 산더미처럼 묵직하니
바람 불어도 끄덕 않을 것 같지만
미풍에도 가냘피 흔들리는 풀꽃처럼
내 마음 이리 흔들리고 있음을
그는 알까 모를까

아무리 소리쳐도 끄덕 않을 것처럼
표정이 잔잔해도
조약돌 한 개에도 물살이 맴도는 물수제비처럼
내 마음이 쉬이 파문 지는 것을
그는 아는지 모르는지
날더러 든든한 버팀돌이라 하네

꽃의 반란

겨우내 긴 침묵으로 버티던 꽃들은
일제히 반란의 깃발을 올렸다
거리마다 공원마다
색색이 물감을 칠하고
새로운 변신의 깃발을 올리며

칙칙한 대지 위에
따뜻한 온기를 불어넣고
산뜻한 붓 터치로 치장하며
침묵하던 꽃들은
부풀었던 가슴을 슬며시 풀어놓고 있다

진동하는 향기가
삭막한 도심을 깨우며
거리마다 공원마다
툭툭 터져 나온
반란은 숨 쉴 수 없는
벅찬 절정으로 치솟고 있다

꽃을 매달고 흐르는 섬진강

봄은
섬진강 쪽으로 먼저 온다

겨울을 밀어내며
마른 가지에 하얗게 터지는
매화향을 타고
섬진강은 흠뻑 꽃물이 들었다

은모래 반짝이는 강변에 누워
지리산 백운산 바라보며
매화 어린 강심으로
시의 물결 일렁이며
내 젊음이 흘러간다

번민도 고뇌도 녹아 흐르고
꿈도 사랑도 흘러 보낸다

꽃을 매달고 흐르는 섬진강엔
소리 없이 흐르는 강물 따라
아름다운 봄날이 간다

갈대의 외침

그곳 갈대숲에 갔다
바람에 무수히 흔들리며
갈대들이 외쳐대고 있다

혼자서는 살 수 없어요
외로워서 살 수 없어요
그래서 이렇게 무리지어 살아요

혼자서는 소리도 낼 수 없어요
떼 지어 부딪히며 부대껴야
소릴 낼 수 있어요

우린 바람 없이도 살 수 없어요
바람에 흔들리며 시달려야
뿌리가 튼튼해지거든요

멀리서 갈대숲을 찾아온 사람들
갈대와 더불어 흔들리고 싶은지
갈대숲 사이로 자꾸만 숨어들고 있다

그리움을 만나려면

9월이면 그리움이 스멀스멀 피어나는 고장
잠적해 있던 이 세상의 모든 그리움이
불꽃처럼 피어나는 곳
새로운 천지가 펼쳐지고 있다

소나무 전나무 굴참나무 숲 그늘마다
붉게 터지는 꽃무릇
그것들은 그냥 피어나는 꽃이 아니다
참고 참았던 그리움이 붉게 터져 나와
온 산야가 불꽃으로 훌훌 타오르는 것이다

그 곳에 가면 가슴 깊이 숨겨 있던 그리움이
여인의 속눈썹처럼 연연하게 피어올라
핏빛으로 타오르고 있음을 볼 것이다
그리움은 세월이 갈수록 더 새록새록 해져
꽃무릇처럼 자라나고 있음을 확인할 것이다

우리 마음속에 그리움 하나씩 묻어두고 산다면
해마다 돌아오는 9월엔
그 그리움을 만나러 선운사로 갈 일이다

그리움 탓

밤마다 뜨는 달이 점점 커지다가
다시 작아지는 것은
그대를 생각하다 끝내는 잊으려하는
안타까운 마음이 자라기 때문

밤마다 뜨는 별이 멀리서 가까이서
반짝이다가 스러지기도 하는 것은
그대 모습이 시시때때로 불빛처럼
일렁이다 잠잠해지기 때문

밤마다 창밖 멀리 깜박이는 불빛들이
하나 둘 꺼져 가는 것은
아직도 내 마음속 그림자 되어 떠나지 않는
그대 그리움에 지쳐가기 때문

밤마다 눈을 감고 잠든다 해도
꿈속에서 날 부르는 그대로 하여
저절로 베갯잇 적시는 것은
어찌 할 수 없는 약속한 운명이기 때문

꿈의 궁전

험난한 가시밭길 그는 맨발로 왔다
비 맞고 눈 맞으며 굶주린 배 움켜쥐고 왔다
햇볕은 땡볕일 뿐 비껴 갈 여유가 없었다

온몸으로 받아들이며
때론 목숨 건 열정으로 버티며
그가 설 땅을 마련하여 꿈을 심었다
꿈은 쉴 새 없이 자라 열매 맺을 날이 왔다

그곳에 마침내 하나의 궁전을 세웠다
세상은 그를 부러워하고 우러러보았다
그러나 지난날의 가시밭길, 배고픔을 잊지 않았다
어려운 이웃을 위해 고통을 나눌 줄 알았다

그의 궁전은 거저 생긴 것이 아니고
참고 이겨낸 꿈의 씨앗들이 자라
마침내 꽃대궐을 이뤄 낸 것이다

사랑의 보따리

눈 감으면 보입니다
어머니가 보입니다
고향 잔등 넘어 구부정한 허리에
보따리 이고 오시는 어머니

이 자식 저 자식 챙기시느라
꼬부랑 백발에 주름만 남으시고
눈앞이 잘 안보여도 짐작으로 가늠하며
모든 걸 다 보고 계시는
신통한 천리안을 가지신 어머니

자식들 뒷바라지 하시느라
하루도 바람 잘 날 없었으련만
그 숱한 바람 다 재우시고
자식위한 사랑의 보따리까지
다 내려놓으시고
먼저 가신 아버지 따라
북망산천 외롭게 가시던 어머니

절룩절룩 치맛자락 휘날리며

오늘도 사랑의 보따리 이고
고향 잔등 넘어 오고 계십니다

내 길을 가듯 그렇게 가리

갈바람 솔깃 낙엽을 떨구며
옷깃을 파고든다
아리따운 네 모습 내 곁으로 와
이젠 가겠노라고 손을 흔든다

그래 가야지
네 갈길 챙기는 어미 마음
갈바람이 설핏 흔들고 지난다

가더라도 사랑 받는 여인으로 거듭나야지
엄마가 그 옛날 그렇게 떠나와서
너를 뱃속에 열 달이나 애지중지 키워왔듯이
너 또한 내 길을 가듯 그렇게 가리

갈바람 자꾸 머리카락 휘날리며
이제 그만 보내라고 쓰다듬어 준다

눈이 내린다

눈이 내린다
창밖을 내다보니
아버지의 하얀 두루마기처럼
희끗희끗 휘날리는 눈발
아버지가 하늘에서 보내주신 솜털 같다

대나무 숲에도 장독대에도
소복이 쌓이는 눈을 보고
풍년이 들 것 같다고
함박웃음 짓던 아버지
가끔씩 헛기침 하시던 아버지의 기척이
눈송이에 묻어 내린다

고갯길 넘어 아버지 오시나 기다리던
그 날도 눈발이 이렇게 퍼붓었다
과자 사들고 오시는 아버지 품에 매달리면
시린 손 호호 불어주던 따사로운 아버지

눈이 내린다
아버지가 오실 리 없는 데도

아버지의 포근한 기척이
눈송이에 묻어 푸근푸근 내린다

딸에게

정녕 네가 가느냐
가을 빛 찬연한 뜰에
들국화 시무룩히 내 마음을 적신다

꼭 가야만 하기에 보내긴 한다만
내 마음 왜 이리 허전 할꼬

닿으면 금갈세라
고이고이 길렀것만
정녕 네가 가야할 길이기에
천 갈래 만 갈래 마음이 안 놓여도
훌쩍 너를 보낸다

부모의 끝없는 사랑 보다
더 완벽한 사랑으로
너를 보듬어준다 해서
기꺼이 너를 보낸다

내 친구 그녀는

디지털 카메라 목에 걸고
행복 찾기에 늘 분주한 여자

철컥 철컥 깨알 쏟아지는 장면 찍으면서
행복을 가득 바구니에 담아 와서는
컴에 올려 두루두루 나눠주는 여자

얼굴은 계란형에 눈은 덩그라니 호수같아
보면 금방 내가 빨려 들어가는
흔쾌한 마술을 지닌 여자

몸매는 볼품 좋아 보이는 아담 사이즈에
돈 들여 가꾸고 치장하지 않아도
자연스런 멋을 부릴 줄 아는 산소 같은 여자

살살 넘치는 정 주체하지 못해 웃음도 많지만
눈물도 말릴 수 없는 여자
불쌍한 사람 거저보지 못하고 주머니 털어서
잔 돈 푼이라도 꼭 건네주는 여자
키우던 강아지를 보내고 몇 달을 눈물로 뒤집어

썼다는 여자

음식을 해도 푸지고 깔끔하게 척척 버무리는 손
이 맛있는 여자
남 하나도 못난 아들 셋이나 낳아 장가 잘 보내
놓고
꽃남 손자 셋이나 본 모자람 없이 부러운 여자

그냥 바라만 보아도 웃음이 쏟아질듯 상큼하여
청바지에 티셔츠만 걸치고 다녀도 학창시절 소녀
처럼
나이를 거꾸로 먹는 여자

그녀가 내 친구라는 사실만으로도
그저 가슴 뿌듯이 행복의 파도를 몰고 오는 그녀는
오늘도 어딘가에서 행복 주워 담느라 손길이 바
쁘다

절망의 늪을 건너는 사람아

굽이굽이 험한 산을 넘고
가파른 계곡을 건너다보면
세상은 아귀다툼의 홍수가나고
건너 줄 배 한 척 없이
절망의 늪을 건너는 사람아
그대 손잡아 구원해 줄
한 줄기 빛이 보이지 않느냐

불 꺼져 어두운 밤길
세상은 온통 구렁텅이 속
시커먼 장막 속에 방황하는 사람아
먼 동이 터오는 줄도 모르고
절망의 늪에 허우적이다
그대 생이 무너지고 있음을 아는가

내일 세상의 종말이 온다 할지라도
그대의 마음 밭에
오늘 한 톨의 꽃씨를 심는다면
마침내 어둠이 걷히고
눈부신 햇살 가득 쏟아지는

그 아침을 맞으리

고3 딸들에게

너희들은 언덕배기 갓 비집고
일어나는 민들레꽃이다
혹은 보랏빛 한 줌의 제비꽃이다

적당히 비 맞고 바람 맞아
향기 솔솔 피워 올리는
작은 풀꽃들의 발돋움

쓰러지는 법 없이 일어서게
부추겨 받쳐주고 다독거려
싱그럽게 꽃을 피워라

너희들을 죄어 매는 무거운 짐
지쳐 엎드리지 말고
꼿꼿이 박차고 일어서거라

내일은 너희들의 소중한 미래
노력한 만큼 큰 꿈으로 피워나려니
오늘은 무던히 참고 익혀
큰 배움의 문을 활짝 열어라

“먹는다는 건
산다는 것”

3 직박구리 연주회

사랑 한 조각
직박구리 연주회
젊은 날은 가고
세상사 둥글둥글
기분은 짱
태풍 전야
흔들리며 가네
습지공원에서

가을 산
오늘 못 본 황산
허브 마을을 찾아
시신봉에서
증도, 엘도라도의 밤
돌이 웃고 있다
아리조나 인디언 마을
안개에 떠밀려 횡성에 가다
죽녹원에 들린 발길
관방제림 둑길

사랑 한 조각

사과 한 알
둥그런 우주
한 입 베어 물면
무한한 우주의 상큼한 맛

한 알의 사과 속에는
몇 그루의 사과나무가 자라고
사과나무들은
홍옥 빛 사랑의 열매를
무수히 매달고 외친다

사랑 한 조각 심으세요
세상은 사랑으로 쑥쑥 자라고
사과 향기 그윽한 낙원이 되죠
사랑 한 조각 나무처럼 심으면
세상은 풍성한 사랑의 동산이 되죠

직박구리 연주회

추운 겨울
국도변 전깃줄에
토종 텃새 직박구리
줄지어 노는 모습

도솔미솔 레파시라
미파시도 라라솔~
움직이는 음표 그려가며
전깃줄 넘나드는 즉흥연주회

추위를 이겨보자고
까만 직박구리
이리 굴리며 저리 굴리며
신나게 이동하는
멋진 연주회

젊은 날은 가고

사과 한 입 상큼 베어 물고
향긋한 내음에 취해
젊은 날의 과수원으로
무작정 내달았다

하얀 꽃 흩날리던 날
흰 꽃목걸이 실에 꿰어 매고
푸른 과수원을 내달리며
꿈은 사과 꽃보다 더 향기로웠다

세월은 흘러
꽃이 지듯 그날의 꿈도 지고
그 자리에 주렁주렁 열리던 과일
이젠 빨갛게 농익어
물씬 향기를 내뿜고 있다

사과 향 풋풋한 젊은 날은 가고
청순한 그 모습 백발 뒤섞여
쓸쓸한 바람이 불지만
마음은 아직도

젊은 날의 과수원 길로 내닫고 있다

세상사 둥글둥글

우리 서로 만남에
의를 달리 하지 말고
조금은 서운타 해도
감싸주고 덮어 주시구려

만나서 반가운 건
당연한 처사지만
얼굴 찌푸리고 돌아서는 건
찬바람이 씽씽 도는 일

우리 만날 날 얼마나 남았다고
금쪽같은 시간들 깨트리지 말고
모두가 내 탓이거니 마음 돌리면

세상사 둥글둥글 화해롭고
눈 감을 때도
하늘나라 티켓을
편안히 쓸 수 있다네

기분은 짱

레이크 사이드 들어서는 길
깍듯이 손님 맞는
그림 같은 푸른 전나무들

마음을 다져 잡고
휙 스치는 드라이버에
힘껏 튀어 오르는 하얀 볼

세상사 다 잊어버리고
마냥 날아오르는
기분은 짱

잘 어우러진 소나무들 사이로
문득 올려다 본 하늘
시퍼런 물 뚝뚝 흘러
풍덩 빠지고 싶은데

흰 구름 밀려와
청과 백의 청순한 어울림
흐린 머리 맑게 헹궈 주는

호수가 거기 있었네

살아온 고비마다
쌓여온 마음의 찌꺼기들
때리는 공과 함께
호수 같은 하늘로
말갛게 씻기어가네

태풍 전야

시커먼 구름장이 태풍으로 돌진해오고 있다

세상을 제압하려는 야심인가
세상을 파탄의 도가니로 몰아넣을 분노인가
세상을 뒤흔드는 폭동인가
산산조각 파멸로 겁주는 경고인가

욕망과 야심의 노예가 되어
자연을 몸살 나게 파헤치더니
이렇게 쉬이 무너져 내릴 줄이야

산이 무너지고 둑이 터지고 집이 떠내려가고
억수같은 비는 지상의 모든 것을 휩쓸고 있다
사람이 떠내려가고 차가 떠내려가고
발을 동동 굴러 봐도 막을 수는 없다

야심인지 분노인지 경고인지
무서운 힐책이 밤새 쏟아지고 있다

흔들리며 가네

갈대가 바람에 흔들리듯
우리 흔들리며 살아가네
비바람 눈보라에 휘날리며
흔들려온 삶
흐른 세월만큼 주름살 이마에 달고
우린 서로 만나
한 차에 흔들리며 가네
끝없는 평야 마음을 적시고
감미로운 음악 가슴을 흐르면
세계의 모든 사람들 그리 다르지 않아
살갑고 다정한 웃음 정겨워지고
창밖으론 스치는 이국 풍경
한 폭의 수채화가 되네
우린 하늘 아래 한동네 사람들
너도 나도 하나 되어
흔들리며 가네

습지공원에서

갈대의 넓은 초원이 펼쳐진
시화호의 시발점
갈대들이 숨 쉬고 있는 그곳엔
생명을 일깨우는 물고기와 벌레들이
함께 자생하고 있다
죽어가는 시화호를 살리는
갈대의 푸른 생명력
잉어를 키우고
부들과 연꽃을 피우고 있다
길 잃어 헤매던 철새들이 날아와
삶의 둥지를 틀고
바람이 불때마다 두런거리는 갈대들의 속삭임
뒤늦게 감지하였다
자연과 더불어 공존해가는 우리의 삶이
진정 가야 할 길임을
일깨우며 돌아가는 길이다

가을 산

갈바람이
푸른 산자락 넘어가다
빨강물감 질퍽 엎질러 불었다

갈바람이
또 산모퉁이 돌아가다
노랑물감 흠씬 엎질러 불었다

이제 푸른 산은
빨강 노랑 물감 어우러져
온통 오색 빛

갈바람 아니면
누가 저리 이쁘게
푸르기만 하던 산을
감쪽같이 물들여 불었노

오늘 못 본 황산

황산이 좋다하여
바다 건너 산 넘어
굽이굽이 수만 리를
세상사 뒤로 하고
오르는 황산길
어렵사리 이 길을
뉘라서 가라했나
죽기 전에 올라보자
발길을 딛었건만
하늘도 샘이 났나
하필 비를 뿌려
좋다던 비경은
구름 속에 숨겨놓고
기어코 드러내지 아니함은
비경 중의 비경이라
쉽사리 보여주지 못함인가
비바람까지 기세를 더하여
앞길을 가로 막네
오늘 못 본 황산
내일은 볼 수 있으려나

하룻밤 괴나리봇짐을 풀고
꿈속에서도 조바심 하네

허브마을을 찾아

산골짜기 개울물 따라
구불구불 길이 열린 곳
청아한 물소리 산새소리
적막을 더해 주고
향긋한 꽃내음 솔솔 코끝을 적시니
드디어 허브 마을이네

빙 둘러 산이 에워싸고
오붓이 자리한 꽃동네
형형색색 꽃향기 피워 올라
잠시 꽃 속에 나를 묻어 버린다

호수 같은 하늘이 문득 내려앉고
나는 금세 벌떼가 되어
허브동산을 마구 날아다니다
흠뻑 꽃향기에 취했다

하나 둘 모여드는 길손
꽃향기로 빚은 차 한 잔에
심장을 적시고

꿈인 듯 세상은 아득하였다

시신봉에서

사자봉 일출을 뒤로하고
시신봉으로 발길을 돌린다
요란한 물소리 계곡을 진동하고
구름속에 뒤덮인 산천초목
드센 비바람 휘몰아쳐
쓰러질듯 부대끼는 나무들
천 년 이천 년은 참고 살았을 터

하늘 향해 우뚝 선 우람한 낙락장송
그 아래 계곡을 굽어보는
애처로운 아낙네 소나무
우람한 낭군 지키려고
기역자로 허리가 굽어졌나
시신봉 바라보며
낙락장송 하늘처럼 떠받들다
허리 부러질까 겁이 난다
세월아, 이제 그만 등 굽은 소나무
허리나 펴주게 더디 더디 흘러가라

증도, 엘도라도의 밤

고향 가듯 편한 마음으로 증도 가는 길
다리를 놓으면
걸어서도 금방 닿을 듯이
가까워 보이는 섬

마침내 도착한 엘도라도 리조트
어느 먼 섬나라에 온 듯
감탄사가 연발
이국적인 풍경에 가슴이 설레인다

물이 빠지면 온통 갯벌이 살아 움직인다
짱뚱어, 게들이 꿈틀꿈틀 신바람이 났다
바다가 살아서 꿈틀거리는 것을 처음 본 순간
우와, 바다가 나와 함께 숨을 쉰다
톡톡 튀는 짱뚱어 만큼 내 가슴도 뜀박질 한다

이곳에도 밤이 온다
잔잔한 음악이 공원에 깔리며
가로등도 은은히 빛을 발한다
하늘나라 산책 온 선녀들처럼

발길이 황홀하다

가슴 속 퍼지는 잔잔한 물결 따라
엘도라도의 밤이 깊어 가고
다시 찾고 싶은 꿈속처럼 달콤한 밤
하늘엔 달이 동그랗게 달무리진다

돌이 웃고 있다

들을 지나 저수지가 올려다 모이는 마을
구불구불 골목길 오르다보면
끝자리 자궁처럼 들어앉은 곳
그 곳에 터를 닦아 황토로 다져진 노천 무대
멀리 트인 전망과 무대가 맞닿아
해 저물녘 어스름 속에 막이 오르면
음영이 깃든 조명 아래 끊어질듯 이어지는 가락
관객의 마음 온통 무대로 끌어 당긴다

멈춘 듯 움직이는 맨발의 발레가 시작되면
침묵으로 말하는 느린 몸의 리듬
웃음도 울음도 아닌 영혼을 울리는 소리
몸과 마음이 하나 되는 순간
고요와 정적이 끊어질 듯 이어지다
폭풍처럼 거세게 내동댕이치다
다시 찾아드는 정적
숨죽여 침묵하는 관객, 관객.....

밤이 깊고 이슬이 내리고 별이 내린다
솔솔 풀 향기 콧속으로 스미고

흙 내음 속으로 자연과 하나 되는 순간
밤하늘 별들이 웃고 있다
이곳 돌들이 웃고 있다
시간이 멎고 있다

아리조나 인디언 마을

가도가도 끝이 없는 사막
아무리 둘러보아도 몹쓸 땅
풀들도 자랄 수없는 척박한 땅
인디언들의 보호구역이라는 이름을 붙여
내동댕이쳐진 버림의 땅
새 한 마리 날지 않는 메마른 광야
얼기설기 엮어진 오두막집에
버림받은 삶이 내팽개쳐 있고
우주를 왕래하는 첨단 시대에
미개척의 땅에 갇혀
발전을 거부당하고
창조와 문명을 박탈당한 채
뜨거운 태양은
오늘도 인디언의 후예를 검게 구워삶고 있다

안개에 떠밀려 횡성에 가다

안개 속을 뚫고 가다보니
세상은 온통 안개의 베일을 치고
은밀한 변신을 꿈꾸고 있다

횡성은 아직 눈밭인데
참 숯가마 골짜기엔
봄의 숨결인 듯
안개는 무성히 피어올라
앞산이 베일 속에 숨어있다

겨울을 몰아내려고
안개는
얼어붙은 산야를 감싸 안고
포근히 다독거린다

숯가마 골짜기의 입김은
얼었던 몸과 마음을 녹이며
솔솔 봄을 부르고 있다

죽녹원에 들린 발길

대나무향 그리워 죽녹원에 들린 발길
시원스레 쭉쭉 뻗은 대나무의 고색창연함이
막힌 가슴 뚫어주고
대숲에 이는 바람, 머리까지 맑아진다
세속에 찌든 몸, 기 받아 살아나고
하늘을 찌르는 대나무의 곧곧함이
청청한 에너지를 충전 시킨다
대나무 오솔길 따라 한 바퀴 돌고나니
대숲에 흐르는 폭포, 음이온이 쏟아져
온몸에 댓잎 향 절로 배어
몸과 마음은 최적의 알파 상태
저절로 내 몸은 싱싱한 대나무가 되어
푸른빛을 발사 한다
죽녹원 전망대에 올라 담양천을 내려다보니
300년을 지켜온 *관방제림이 꿈인 듯 펼쳐져
잠시나마 세상이 무아지경에 이르다

---

*관방제림:전남 담양읍 객사리에 있는 제방 이름. 이 방제는 1794년 군수 황종림이 치수와 관개를 목적으로 쌓은 것으로 제방 위에 300년 이상된 거수를 심어 240여 그루가 절경을 이루고 있음

관방제림 둑길

담양의 젖줄 담양천이 넉넉히 흐르는 관방제림 둑길
둑방길 따라 300년은 족히 흘렀을 푸조나무들
백발 아닌 초록빛 머리 늘어뜨리고
가슴에 이름표 하나씩 달고
숱한 세월 까맣게 묻어두고 있다

나이테가 거짓말 할 리야
300살 먹은 나무치고 뻗어 오른 몸뚱이가 제각각
166번의 이름표 단 푸조나무
반은 기우뚱 쓰러져 2개의 탄탄한 받침대가 받쳐 주고
171번의 푸조나무 밑동이 텅 비었거나 썩었는지
시멘트로 땜질하여 말끔히 살아있다

240여개의 늙은 푸조나무들 세월이 너무 무거워
쓰러질듯 간신히 버티고 있기도 하고
아직도 청청 장수할 기세를 지닌 나무는
무거운 세월 끌어안고 담양천의 역사를 굽어보고 있다

앞으로도 수백 년을 더 그 자리를 지킬 터,
그땐 숱하게 스쳐갔을 사람들 간데 온데 없이
새로운 역사가 펼쳐지길 기다리는지
오랜 세월 푸조나무 억척스레 목숨을 부지하고
있다

---

*관방제림: 전남 담양읍 객사리에 있는 제방 이름. 이 방제는 1794년 군수 황종림이 치수와 관개를 목적으로 쌓은 것으로 제방 위에 300년 이상된 거수를 심어 240여 그루가 절경을 이루고 있음

4 촛대 바위

촛대 바위
탄천에 밤이 내리면
북한강으로 간다
물소리
안흥항
저물어 가는 바다
실미도의 바람
시화호를 건너며

영흥도의 밤
파도의 울음소리
무의도
빛이 갈라지는 선상에서
저무는 소래 포구
향일암의 새벽은 열리고
뗏목을 타고
바다는 삶을 충전시키는 중
아오시마 팜비치에서
나이아가라 폭포에서

촛대 바위

오늘도 촛대 바위
휘감아 돌며
기암절벽 깎아 지르는 물결
시퍼런 기승 더하고
지난 밤 지새워온 인고의 흔적
새벽 여명으로 역력하다
긴 세월
일념으로 지켜온 촛대 바위
온갖 풍파에 시달려도
스러지지 않고 키워온
꿈 덩이 하나
둥실 해돋이로 솟아 오른다
더도 말고 덜도 말고
오늘만큼 밝으소서
아는 듯 모르는 듯
굽이쳐와 스러지는
천파만파 동해의 물결이여

탄천에 밤이 내리면

저녁, 길을 나서면
물 흐르는 소리 듣는다

아파트를 품에 앉고
공원을 감싸며 흐르는 탄천은
너무 많은 것을 알고 있으면서도
모르는 척 주저리주저리 삼키면서
물을 정화하기에 하루를 소진 한다

탄천변 따라 가로등 불을 밝히면
흐르는 물속에 가로등 길게 누워
어둠을 적당히 소멸 시킨다
산책하는 사람들 탄천 풍경 속으로
바삐 손을 휘저으며 들어온다

아파트도 거꾸로 잠겨 있고
풀숲도 적당히 어우러져
밤의 탄천은 낮보다 풍요롭다
모든 걸 포용하고 잠재우며
내일을 꿈꾼다

밤을 끌어안고 안으로만 삼키는
탄천의 물소리 밤처럼 깊다

북한강으로 간다

늘 마음속에 흐르던 강
북한강으로 간다
그곳으로 가면 가슴이 열리고
가슴속에 갇혀 있던 의식들이
스멀스멀 고개를 내민다

강물에 내 몸을 맡기면
강물 따라 내가 흐르고
내 속에 잠재된 의식이 기지개를 켜며
새롭게 내가 태어난다

어제의 고단한 나는 없고
내일의 희망을 피워 올리는
내가 오롯이 있다

오늘도
내일의 나를 만나러
북한강으로 간다

물소리

물소리 들으러 그곳에 갔나봐
탄천 길 따라 한없이 갔지
물소리는 가는 곳마다 소리가 달랐어

잠시도 쉬지않고 주저리주저리 흘러내렸지
천변의 마른 풀들도 고개를 갸웃거리며
물소리에 귀를 기울이더군

한참을 걷다보니 남쪽에서 흐르던 물은
서쪽에서 흐르던 물과 만나 동쪽으로 흘러가고
물들은 서로 만나 더 큰 소리로 웅성거리는데
도무지 알아들을 수가 없더군

목감기 걸린 환자들처럼 쉬고 갈라진 목소리였어
인간사 온갖 오물 다 씻어오느라
청랑한 목소린 영 들을 수 없었지

내가 알 수 있었던 건
너도 언젠가는 하늘에 올라
한줄기 빗방울로 다시 오리라는 것 밖에는

안흥항

봄빛이 안개 속으로 스며드는
서해대교를 달린다
바다는 뿌연 안개 속에 떠있고
꾸욱꾸욱 갈매기
떼 지어 멋진 유희를 한다

당진 서산 태안을 지나
안흥항에 당도하니
바다를 둘러싼 횟집들
비릿한 갯내음이
물씬 입맛을 돋군다

도다리 회 한 접시에
안흥항은 살쪄 가고
쭈꾸미 몇 마리 흥정하느라
심심찮게 오고 가는 정스러움

짙은 바닷내에 절여
안흥항은 적당히 술렁거리고
사람들은 푸근히

싱그러운 갯비린내를 끌어당긴다

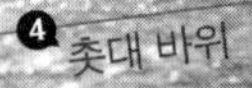

저물어 가는 바다

서해대교 난간에 기대어
저물어 가는 바다를 바라다본다.

노을빛으로 일렁이는 바다는
서쪽으로 아스라이 젖어들고
어선 한척 하루를 싣고
지친 듯 항구로 돌아온다

흘러간 지난 날의 생이
저 배에 실려 다시 돌아온다면
지친 내 생을 다시 시작할 수 있을까

하나 둘 항구에 불이 밝혀지고
하루를 마감하는 어부들의
어깨 위로 피곤한 밤이 내리고 있다

실미도의 바람

시린 바람이 산비탈 나뭇가지에서 울고 있었다
간혹 산새들 푸드덕이며 애잔한 울음을 더해 주고
빛바랜 민둥나무들 찬바람에 떨고 있었다

그날의 아픔을 아직도 기억하고 있는지
실미도의 산은 입을 다문 채 말이 없다

바닷가에서도 바람은 해변을 할퀴고 있었다
얼어붙은 백사장은 은빛으로 반짝이며
발자국 소리에 쩍쩍 갈라지기도 했다

파도는 서해를 가로 질러
풀썩 한숨을 토하는가 싶더니
끝내 울음을 쏟아 놓았다

바람은 파도의 울음소릴 쫓아 함께 울고 있었다

시화호를 건너며

희뿌연 하늘을 이고
희뿌연 바다 위로
끝도 보이지 않는 대교가 열려 있다

휙휙 스치기도 하고
길 위에 잠시 대기 중인 차량들
시화호를 굽어보며 생각의 물고를 튼다

막혀버린 바다는 물빛만 참담히 썩어 가고
생명체들은 거의 질식해 가고 있다
건너편 바다는 한숨을 토하며 아우성치고
희부옇게 내려앉은 하늘은 잔뜩 울상이다

해법을 찾지 못한 시화호는 물밑 가득
시커먼 분노를 뿜어 올리고 있다

영흥도의 밤

솔향기 번지는 밤바다 기슭
달님 하늘에 걸어놓고
멀리 네온사인 깜박이는
밤바다 자연무대

자유의 날개 달고
한여름 밤의 꿈을 낚는
해변의 오케스트라

기를 펼치는 오묘한 연기
춤과 노래를 곁들여
영흥도의 밤은
다시 오지 않을 시간을 붙잡고

파도 소리 풀벌레 소리
함께 어우러져 출렁이다
달님도 취하여
그윽한 밤바다에 빠져들고 있다

파도의 울음소리

강릉 경포대에
바다 보러 갔다가
호수를 먼저 보았네

바다는 호수를 향해
연거푸 달려오고
호수는 모르는 척 정좌하고 있었네

호수를 껴안으러 물거품을 튀겨도
요지부동 가슴을 열지 않는
호수의 심장은
가늠할 수 없이 깊어만 보였네

오늘도 그치지 않고
그리움의 파도가 아우성치는 곳
수많은 세월이 흐르다보면
그때서야 서로 껴안을 수 있을지
파도의 울음소리 가슴에 사무치네

무의도

눈발 서성이는 바닷가
하얗게 얼어붙은 해변은
멀리 밀려오는 시퍼런 파도에
잔뜩 웅크리고 엎드려 있다

지난 여름의 숱한 발자국들
깊이 묻어버리고
오늘 찾아온 사람들의 발자국
흰 눈 위에 찍어내며
그들의 추억 토닥이고 있다

가슴에 묻어두었던 기억들
파장을 일으키며 해풍이 거두어 가고
차가운 달빛아래 천국의 계단
그림자 살풋 내려 앉는다

세월을 거슬러 철부지가 된 사람들
겨울바람 싫지 않다고 맞으며
달빛 뿌리는 은백색 바다 속으로
자꾸만 깊이 빠져들고 있다

빛이 갈라지는 선상에서

선상에서 내려다보는 바다는
급격히 해를 삼키고 있다
떠나온 쪽은 어두운 장막의 바다
나아가는 쪽은 환히 열리는 밝은 세상

어둑어둑해지는 일몰의 시간
하늘에선 시커먼 구름이 요동을 치고
파도는 배를 삼킬 듯 뒤틀린다

순식간에 바다는
두 갈래로 음영이 갈라지고
사람들은 갑판으로 나와
짜릿한 환호성을 지른다

에기나 섬에서 그리스로 돌아오는 곳,
바다의 빛이 잠시 갈라지는 그 곳에서
나는 과거 현재 미래를 넘나드는 착각에 빠진다

마치 콜럼버스가 신대륙을 발견했을 때처럼
신기함과 놀라움에 가슴을 떨며

황홀한 배 멀미를 한다

4 촛대 바위

저무는 소래 포구

설달 그믐 눈발 날리다 멈춘 소래 포구
어전의 고기들 즐비하니 누워
올해의 마지막 포즈를 취한다

하루를 빠질세라 거듭 채워진 어전들
오늘은 텅텅 비워 깨끗이 저물기를
생선 조개 오징어 낙지 꼴뚜기 문어
바다 속 누비던 생명의 바램이
비릿 내음과 함께 포장 된다

어전마다 술렁이는 사람들의 흥정
조기 갈치 꽁치들이 비닐봉지 속에 감금되고
혹은 살아서 펄떡이는 생선들 회쳐져
손님과 함께 묶여 근방 식당으로 밀려 나고
주거니 받거니 북새통인 그 언저리

먹는다는 건 산다는 것
살기위해 사람들은
초장에 회를 찍어 삼키고
마지막 한해를 술로 마무리한다

비린내 흥건히 넘치는 소래 포구에
유난히 시끌벅적 했던
한해의 끝이 저문다

향일암의 새벽은 열리고

흰머리 보이기전 왔음직도 했건만
반백이 넘어 찾은 향일암의 새벽은
절벽에 우뚝 솟아 해맞이할 준비를 갖추고

바닷속에 웅크리고 있던 햇머리는
마침내 장엄한 모습을 드러내고
파도는 요동치며 해를 끌어 올린다

깎아 세운 절벽 위
매달리듯 걸린 향일암
해맞이 인파들 가득 세워
해를 향해 축원 올린다.

어둠을 물리치는
해의 장엄한 모습위로
하나 둘 쌓이는 소망

법당의 불경 소리만
낭랑히 파고들어
마음은 벌써 극락이다

뗏목을 타고

두만강 푸른 물에 노 젓는 뱃사공
그런 노래 부르던 시절 꿈처럼 흘렀는가
푸른 물은 간 데 없고
폐광촌에서 흘러온 거무튀튀한 물빛
우리의 노랫가락을 슬프게 한다
한 발 넘어 북한 땅 눈앞에 두고
한 발자국도 뗄 수 없어 가슴이 미어진다
산비탈 조각조각 자투리밭 만들어
김매는 북한 아낙네여
우릴 보고 반갑다고 손짓 좀 하소
뗏목이 다가가도 아는지 모르는지
얼음 같이 냉냉하다
뗏목도 흐르다 더 가지 못하고
되돌아와 우릴 부려놓는다
막걸리 한 사발 시켜놓고 아린 가슴 삭히는데
스피커에서 두만강 노래는 흘러나오고
막걸리는 어느새 가슴을 타고 내려
우릴 흥건히 적셔 놓는다

바다는 삶을 충전시키는 중

여름날 바다는 몸살을 앓으면서도 사람들을
보듬어 안아 지친 몸을 헹구어낸다
그들의 얼굴을
모처럼 기쁨으로 일렁이게 하여
심신을 다독여준다

모래밭에 잠시 부려놓은 삶,
파도가 밀려와 떠밀려간다 해도
뜨거운 태양이 내리 쬐어도
조금은 벌겋게 타도록 내버려둔다

사람들은
삶을 충전시키기 위해
이 여름을 놓치지 않으려고
쉴 새 없이 셔터를 누르고
쥬브를 타고 바다 속으로 뛰어든다

이글거리는 태양은 열기 가득
백사장을 달구고 있다

아오시마 팜비치에서

팜비치에 밤이 온다
겨울은 바다를 거슬러 파도를 몰아오고
바람소리 시나브로 창을 흔들면
가슴에 부딪히는 시린 파편들
지난날은 까만 장막 속으로 지워져간다
가물거리는 시간 속에 표류하는 한척 돛단배
밤을 헤치며 새벽을 몰아오고 있다
태평양을 가로질러 예까지 밀려오느라
저 파도의 몸짓은 오죽 고단했으랴
쉬지 않고 헉헉대며 달려온 파도는
밤새 뒤척이던 나를 깨운다
창을 열면 광활한 바다 위로 떠오르는 해
신의 계시인 듯 찬란히 쏟아지는 광채
간밤의 어둠은 씻은 듯 사라지고
바다의 울음은 장엄한 환상곡이 된다
불처럼 솟아오르는 해기둥을 보며
다가올 내일을 위해 마음은 충전중이다

나이아가라 폭포에서

강줄기 사이에 두고
미국과 캐나다가 마주한 그곳
미국에서 바라보면
미국의 강이되고
캐나다에서 바라보면
캐나다의 강이 되는 곳
거대한 폭포의 소용돌이
천지를 진동하고
하늘 높이 물보라를 이루며
무지개를 펼치는 곳
사람들의 함성 자연을 예찬하고
안개비 산더미처럼 뿜어 올라
안개 속에 감금되어 버린 곳
세계의 모든 사람들 몰려와
장엄한 천지창조의
체험을 실감 한다

"너무 외로웠지 않느냐고
너무 힘들었지 않느냐고
푸근히 위로하는 가슴 따스함"

5 봄빛따라 왔더니

봄소식
봄을 담아 오다
산동 산수유 마을
봄 마을
봄 캐러 가는 길
할미꽃
봄빛 따라 왔더니
란 향에 즈음하여

논두렁의 향기
동백 숲에서
억새풀
백두산에 올라
발왕산 올라서서
아파트 숲속
바람 바람 바람
이 세상 끝난 날
이별의 밤
인생의 종착역

봄소식

간밤 비가 뿌렸나
군데군데 그늘진 곳
웅크리던 눈도
간 데 없이 녹아 흐르고
오늘따라 햇빛은 봄빛

남녘에선 꽃소식 분분한데
아직 겨울을 씻지 못한 민둥 나무들
한껏 물 머금고 봄을 껴안고 있다

휘익 스치는 풋풋한 바람에
겨울은 냅다 숨어버리고
성큼 봄빛이 손을 흔든다

올봄엔 좋은 일만 있을 거라고
새들이 종알종알
봄소식을 전한다

봄을 담아 오다

양재동 꽃시장 그냥 지나치지 못하고
향기에 취해 둘러보다
무꽃 닮은 수수한 작은 꽃 화분
한 판 사가지고 왔다

베란다에 놓고
하양 분홍 보라 꽃
피고 지기를 수십 일
날마다 들여다보고
정겨운 눈웃음을 주고 받는다

꽃시장에선 꽃만 사온 게 아니다
여느 집보다 빨리 봄맞이하고
온 집안 가득 향기 실어 와
가슴 뿌듯한 행복 담아왔다

솔솔 코끝을 파고드는 달콤한 향기에
취할 것 같은 나른한 오후
작은 몇 포기의 꽃들이
외롭지 않은 봄꿈을 꾸게 한다

산동 산수유 마을

지리산 자락 산동
마을 어귀에서 마을 끝 동산까지
지천으로 피어나는 산수유

앙상한 가지마다
노란 너울을 쓰고
물씬 풍기는 내음
지나가던 길손 불러들이고

자식 손주들 그리며
일손 재촉하는 마을 사람들
산수유 꽃 그림자
안개처럼 번져 가면

수건 둘러 쓴
동네 아낙 머리 위로
살포시 꿈이 익는다
노오란 봄빛이 익는다

봄 마을

섬진강 따라 흘러가다
끝나는 서쪽 마을
산마루엔 아직 흰 눈이 쌓였는데
마른 가지마다
하얗게 터지는 꽃망울

바람도 꽃내음에 취해
옷깃을 술렁이고
가슴속을 파고들어
수런거리는 마을

냉이 달래 쑥이
푸릇푸릇 입맛을 돋구고
나뭇가지마다
매화꽃 활짝 가슴을 열면
나비 떼처럼 날아오는 인파

매화 꽃 그늘 아래
봄을 주워 담는 그림자들
매화 향에 젖어

무르익어 가는 봄 마을

봄 캐러 가는 길

진달래 흐드러진
북한강변 따라
오랜 친구들 함께 까불며
봄을 찾아 달린다

목련 산벚꽃
터질듯 웃음 짓고
불붙는 진달래
흐드러지게 손짓 한다

봄을 캐러 나선 친구들
무공해 야채 한 바구니에
아욱 한 무더기씩 꺾어 담고
냉이 쑥내음에 코를 벌름 거린다

봄이 무르익어 가는 강가
맑은 웃음소리 높아 가고
봄을 캐는 환한 얼굴들
진달래 물이 흠뻑 들었다

할미꽃

어렸을 적 순진한 이 아이는
냇둑에 피어난
패랭이꽃을 좋아 했습니다
가는 허리에
연분홍 곱상한 꽃잎을 달고
앙징스레 얼굴을 흔들어대었지요

소녀 적 순박한 이 아이는
길섶에 퍼렇게 깔린
크로버를 사랑 했습니다
허옇게 피어난 꽃향기에 젖어
네 잎 찾느라 해가 너무 짧았습니다

성숙한 처녀가 된 그녀는
하얀 쌀처럼 피어난
안개꽃을 가슴에 안았습니다
예쁜 꽃다발 만들어
사랑하는 사람에게 주려고요

이제 중년이 되어버린 그녀는

진정 애착이 가는 꽃을 찾았습니다
허리 동그랗게 구부리고
할미처럼 겸허이 고개 숙인 꽃
우리의 마지막 순박한 꽃이랍니다

봄빛 따라 왔더니

남쪽 끝마을
봄빛 따라 왔더니
영랑 생가에
모란이 툭 싹을 틔우고
동백꽃은 후두둑
붉은 웃음을 터뜨리네

뒷숲 대나무는 무성하고
앞뜰은 아직 적막한데
고즈넉이 방을 지키는
영랑 선생의 얼굴엔
불그레 봄빛이 머물렀어라

시 한 수 건지려는
어느 나그네
이곳에 발자국을 찍고
영랑 선생의 뜰에서
봄빛 한 줌 쥐고 가네

란 향에 즈음하여

늘, 푸른 선의 우아함이
은은한 향기를 불러 모아
꽃을 피웠다

네 향에 취해
세상은 갑자기 선경이 되고

날렵한 포물선 위로
삶의 의미가
풋풋이 느껴지는 오후

너무 외로웠지 않느냐고
너무 힘들었지 않느냐고
푸근히 위로하는 가슴 따스함

넘치는 향에 적시어
피로하고 지친 내 모습
해맑게 씻어 내린다

논두렁의 향기

봄을 손짓하는 들녘엔
논두렁마다
모락모락 피어오르는 연기
삭막한 겨울을 태우며
곤히 잠든 봄을 깨운다

성큼 코에 와 부딪히는
논두렁의 향기
흙냄새 피워 올리고
민들레 제비꽃 부르며
푸릇푸릇 새 옷을 준비한다

타 오르는 연기 속으로
겨울이 숨어버리고
아물아물 봄의 들녘이
지천으로 깨어나고 있다

동백 숲에서

다산 초당 오르는 동백 숲길
봄이 먼저 길을 닦아
동백나무 푸른 잎
윤기 좔좔 흐르고
후두둑 동백 꽃망울 떨어져
오르는 길손 반긴다

추운 겨울을 잘도 견디더니
봄빛에 발갛게 달아오른 얼굴
선홍빛 꽃봉오리어라

골짜기 흐르는 물
연못은 품어 안고
다산 초당 뜨락에는
적막감만 쌓이는데

동편 누각에서 바라보이는 바다는
오늘도 옛날인양
다산의 충성심 그리워
멀리 파도를 실어 오네

억새풀

후후후
그 곳에서 나부끼는
하얀 군락을 본다
아프도록 지난날을
그리워하는 몸짓
그 휘청거림에
와르르 슬픔이 쏟아진다

흔들다 못해 달아난 바람
이제야 지친 머리 숙이며
매무새를 가다듬는
억새풀 군락 앞에서
슬픔은 이제 잠잠해진다

후후후
추억인양 나부끼는
기억 속으로
그립던 지난날이
하얗게 하얗게 소멸해간다

백두산에 올라

그 높은 봉우리
비로소 백두산에 오르다
하늘도 맑아 천지가 아득히 발 아래
티끌 같은 내 존재가
흘러가는 저 구름보다 부질없다

세상사 다 그런 것
역사는 굽이쳐 흘러갔어도
지나가면 다시 올 수 없는 세월인 것을
지난날은 망각의 늪 속에 묻어 두고
백두산 영봉에서 나는 손 모아 빈다

천지개벽이 일어나
백두산이 무너지고 새로 솟아난다 해도
비장한 산 백두산은
천년만년 우리 민족의 넋이 숨쉬는
영원한 우리 땅 우리 산으로
신령한 기를 발산하고 있다

발왕산 올라서서

발왕산 올라서서 사방을 둘러보니
꿈인지 생시인지 세상이 품안이고
첩첩이 산에 갇혀 하늘이 손아래네

구름도 내려앉아 두둥실 흘러가고
새소리 바람소리 가슴을 적셔주네
저 아래 올망졸망 거미줄 친 사람들
가끔은 탈출해서 산위로 올라오소

하늘이 가까우니 천상이 따로 없네
훤칠한 주목나무 싱그러운 야생화
스치는 바람결에 십년은 젊어지네

가슴속 찌꺼기들 훌훌 날려 보내고
비로소 비워지는 마음속의 묵정밭
하늘을 오르고픈 소박한 꿈 다발이
뭉게구름 피듯이 두둥실 피어나네

아파트 숲속

아파트 숲속에 갇혀 투정한다
전망 좋은 곳으로 이사 가자고
멋진 공원이 보이던지 산과 강이 보이던지
바다가 보이는 곳이라면 얼마나 좋겠냐고

아파트 빌딩에 가려
보이는 것은 닭장 같은 창문들
저 속에 무슨 행복이 있고 꿈이 있겠느냐고

그렇게 살기를 10여년
이젠 식상함이 도를 넘었는지
밤 창문을 내다보면
동화속의 요정들이 축제를 하는 듯
오순도순 얘기소리 깨알 쏟아지는 웃음소리
삶을 꾸려가는 불빛들이 평화롭다

아무리 아파트 숲속이라 해도
훈훈한 이웃들과 벽을 맞대고 살아가는 것이
이젠 따뜻한 고마움으로 느껴진다

바람 바람 바람

바람 없는 날 어느 하루 있으랴
어제 불던 바람이 순풍이었다면
오늘은 폭풍을 불어오고
내일은 또 살랑살랑 미풍을 불어오리
덧없는 바람일지라도
더운 여름날 이마의 땀을 훔쳐간
바람은 얼마나 시원하랴
머리카락 산들 휘날리는 바람은
얼마나 부드러우랴
사랑하는 사람의 마음을 훔쳐오기도 하고
내 마음을 실어 전하기도 하고
꽃향기를 싣고 와 내 마음을 건드려 놓고
훌쩍 달아나는 바람
우리네 인생은 바람에 실려 덧없이 가나봐
바람을 부여잡고 마지막 그날까지
이리저리 흔들리며 가나봐

이 세상 끝난 날

차근차근 치우자
이 세상 끝난 날
내가 있던 곳 빈자리 되도록

긴 밤 지새우며 쓴
허접 쓰레기 글
불쏘시개 태우듯 태워버리고

내가 입던 옷
내가 읽던 책
더러 괜찮으면
필요한 자에게 나눠주고

이 우주가 떼구르르 굴러가도록
평생에 못 다한 말
큰 소리로 외쳐 보고

있는 힘껏 이 세상을 뛰어 내려
더는 쓸쓸하지 않고
더는 눈물 나지 않게

이 세상 종지부를 찍으리

이별의 밤

먼 이국땅
강 하나 사이에 두고
뜻하지 않은
이별의 손을 흔듭니다

당신은 미국 동쪽에
나는 캐나다 서쪽에서
어쩔 수 없이 맞이한
이별의 밤
누굴 탓해야 할까요

망연히 바라보는 눈동자에
이슬이 마르기도 전
나이아가라 폭포는
천지를 진동하며
하늘높이
가지각색 물빛을
쏟아 붓고 있습니다

홀로 잠들기엔

슬프도록 아름다운
국경의 밤은
안개비를 내리는
나이아가라 폭포 속에
황홀히 침몰해 갑니다

인생의 종착역

세상이 다 제 것인 양 욕심을 부려도
기껏 제 몸의 부피만큼 밖에 차지하지 않듯이
천 년을 살 듯이 큰 소리를 쳐대도
고작 100살을 넘기지 못하는 게 우리네 인생인데

모든 걸 다 내려놓아햐 하는 이 순간에도
더 많은 걸 손아귀에 넣으려 아귀다툼을 벌이는
앞을 볼 줄 모르는 우둔한 중생이여

좀 더 멀리 바라보며 관조해야 될 시간에
아등바등 헛된 욕심 그만 내려놓고
잃어버린 자신을 찾아 잠시라도 나를 돌아보게

인생은 한 번 가면 그 뿐
왕복표를 발행하지 않으니
이제는 내 자신을 추슬러야 할 시간

좋은 일만 하고 가도
시간이 얼마 남지 않았으니
저 만큼 인생의 종착역이

내 몸 뉘일 흙 한 줌 준비해 놓고
최후의 한 순간을
숨죽이며 기다리고 있네

지연희 (시인,수필가)

무한대의 우주를 순례하는 나비의 날갯짓

문학은 작가의 사상이나 역사적 표현의 산물이다. 작가가 체험이라는 배경 속에 숨 쉬는 특정한 대상과 만나고 부딪는 관점의 그 무엇 하나가 의미의 옷을 입고 언어의 도구로 존재시켜놓은 건축물과 같은 구조물이다. 또한 시문학의 핵심은 짧은 언어가 갖는 구체적 정서의 표현이다. 다만 체험이라는 기억 속에 내장된 이미지(재료)의 재구성이어서 문학인들에 있어 체험은 고방의 쌀부대처럼 작품의 크기를 세우는 자산이 아닐 수 없다. '시란 개성적 시인에 의하여 가능한 한 충실하게 기록된 개성적이고 상상적인 경험이다.(Donald A. Stauffer)' 라고 했다. 이는 체험의 부대가 풍성할수록 상상의 다리 기억 저 편에 놓인 반짝이는 의미들이 금빛 물결처럼 출렁일 수 있겠다는 말이다.

박하영 시인이 두 번째의 시집을 상재하게 되어 기쁘다. 실로 7년 만이지 싶다. 시인의 시문학은 첫 시집「바람의 말」이 안고 있는 '바람이고 싶은 시혼詩魂의 자유를 위하여' 로부터 시작 되었다. 소박하고 순수한 자연인의 참모습을 그려준 첫 시집 이후 다소는 여유롭게 그러나 다소는 무심한 듯 한가로운 시간을 흘려보낸 뒤 오늘에 이른 것이다. 첫 시집의 메시지가 바람이고 싶은 영혼의 순례라고 한다면 두 번째 시집의 메시지는 순례의 길에 놓여있는 '생의 종착지로 가는 초연한 순리' 이다. 그만큼 이 시집 속에 열려있는 모든 길의 의미는 삶을 지시하고 아우르는 여유가 있고 초연하다.「직박구리 연주회」라는 이름으로 시집의 메시지를 전하는 박하영의 시는 사유하는 이의 삶의 여유가 있다.

멀리 있어 아름다워 보이는 세상의 모든 것들
멀리 있어 그리워하고 동경하는 가슴 따뜻함
멀리 있어 보고 싶고 가까이 하고 싶은 애틋함
멀리 있어 다독여주지 못하는 가슴 아픔
멀리 있어 건네주지 못하는 내 소중한 것들
더 가까이 가까이 곁에 두고 싶지만
차마 모르는 척 멀리 두고 그리워하는
세상의 모든 안타까움
혼자 다스리며 쓸어내리고 있다
사
랑
하

고

싶

다

– 시「사랑하고 싶다」 전문

나 죽어서 나비가 될까
내 생에 날지 못하던
퍼덕이던 두 날개
이 꽃 저 꽃 분분히 날 수 있는
나비가 될까
벗어 날 수 없는 장벽에서
나래 접으며 살아야하는
이 굴레를 벗어나
무한대의 우주 순례하며
하늘하늘 춤추는
나비가 될까
내 육신 흙이 되면
내 영혼 나비가 되어
우주 끝까지 자유롭게 비행하는
나비이고 싶다

– 시「나비이고 싶다」 전문

위의 두 편의 시는 '— 을 하고 싶다' 라는 의지를 세운다. 멀리 있어 아름다워 보이는 세상의 모든 것들과 멀리 있어 그리워하고 동경하는 가슴 따뜻함, 소중함, 애틋함, 안타까움을 혼자 다스리고 쓸어내리며 그 대상들을 '사랑하고 싶다' 는 것이다. 결국 생각은 있으나 실천할 수 없는 현실의 괴리 때문에 다가서지 못하여 다스리고 쓸어내리는(체념하는)욕구이다. 대개의 사람들이 살아가는 삶의 방법은 자신에게 주어진 운명의 그릇 안에서 삶을 재단하고 영위하게 된다. 물론 특정한 사람들은 운명을 개척하고 수정하여 비장의 목표를 달성하는 경우가 있겠으나 보편적인 사람들에게 있어 '---하고 싶은' 그 무엇을 위해 주어진 여건을 타개하여 혁명과도 같은 일을 일으키는 일은 쉽지 않다. 한 가정의 남편이 혹은 아내가 지키는 자신의 굴레는 비켜갈 수 없는 소낙비 같아서 짊어지고 가지 않을 수 없는 천형의 사슬이기 때문이다.

시「사랑하고 싶다」와 시「나비이고 싶다」의 내적 의미는 손에 닿을 수 없는 것들의 갈망이 하나라면, 내세를 지나 환생의 기회가 주어진다면 우주 끝까지 자유로운 비행이 가능한 '나비' 의 날갯짓을 갖고 싶은 기대이다. '나 죽어서 나비가 될까/내 생에 날지 못하던/퍼덕이던 두 날개/이 꽃 저 꽃 분분히 날 수 있는/나비가 될까/벗어 날 수 없는 장벽에서/나래 접으며 살아야하는/이 굴레를 벗어나/무한대의 우주 순례하며/하늘하늘 춤추는/나비가 될까' 이다. 박하영의 시에서 핵심적으로 드러나는 영혼의 빛깔은 '자유' 이다. 삶의 굴레로 덧 씌워진 장벽을 허물어 자유로이 날고 싶은 날갯짓이다. 이는 첫 시집에서의 색감이며 이어온 두 번째의 시집이 추구하는 몸짓이다. '바람이고 싶은 시혼詩魂의 자유' 와 한 마리 나비가 되어 이 꽃 저 꽃 분분히 날 수 있는, '무한대의 우주를 순례하는 나비가 되고 싶은 자유' 의 갈망인 것이다.

한 짐 지고 가는
그대의 무거운 짐
때로는 힘들어
팽개치고 싶었겠죠
뿌리치고 훨훨
날고 싶었겠죠
차마 그럴 수 없어
짊어지고 온 그대의 삶
뾰족하고 둥글고
세모 네모지고
온갖 풍상 다 서렸구려
그대 백발성성하여
힘겨워 보이지만

젊어진 짐 보따리
내려놓으라 해도
눈감는 날까지는
그럴 수 없다 하네요

– 시「그럴 수 없다 하네요」전문

내 살아온 일기장 속엔
맑은 날 보다
눈비오고 바람 부는 날이 더 많았습니다
조그만 일에도
곧잘 상처 받으면서
걸핏하면 비구름을 만난 듯
뚜두둑 빗방울을 떨구었습니다
지긋한 인고의 세월이 흐른 지금
설움에 겹던 눈물은
내 인생의 밑거름이 되어
마음의 정원에
한 송이 꽃으로 피었습니다
오늘 이 시간 흐르는 눈물은
당신의 깊고 큰 사랑이
정화 시킨 행복의 눈물입니다

결국 산다는 것은
살아온 발자국 마다
수없이 뿌렸던 눈물 속에서
어여쁜 한 송이 꽃을 피우는 일입니다

– 시「눈물 속에 피는 꽃」 전문

‘한 짐 지고 가는/그대의 무거운 짐/때로는 힘들어/팽개치고 싶었겠죠/뿌리치고 훨훨/날고 싶었겠죠/차마 그럴 수 없어/짊어지고 온 그대의 삶’ 시「그렇 수 없다 하네요」에서 제시한 ‘그대’에게 전하는 안쓰러움과 측은한 마음의 표현이다. 남편으로의 짐, 혹은 어느 가장이 가족을 위해 지고 가는 운명적 희생에 대한 심정적 배려이다. 화자가 여러 편의 시에서 끊임없이 들고 흔드는 깃발이 ‘무한대의 우주를 순례하는 나비’의 자유이듯이 ‘그대’가 지닌 또 하나의 욕망도 하늘 높이 비상하고픈 새의 날갯짓일 수 있다는 인간 본연의 원론적 이해이다. ‘뾰족하고 둥글고/세모 네모지고/온갖 풍상 다 서렸구려/그대 백발성성하여’ 주어진 노선을 따라 평생을 반복하며 탈선할 수 없는 기차처럼 평생의 노동을 가족을 위해 바친 가장의 노고가 극명하게 표출되어 있다.

‘내 살아온 일기장 속엔/맑은 날 보다/눈비오고 바람 부는 날이 더 많았습니다/조그만 일에도/곧잘 상처 받으면서/걸핏하면 비구름을 만난 듯/뚜두둑 빗방울을 떨구었습니다' 뚜두둑 빗방울 떨어뜨리듯 쏟아지는 눈물방울이 내 지나온 일기장 속의 기록이었다는 시「눈물 속에 피는 꽃」은 그 눈물의 크기로 마음의 정원에 꽃을 피울 수 있었다는 '당신' 에 대한 감사이다. 인고의 세월이 지난 지금 설움에 겹던 눈물은 인생의 밑거름이 되어 한 송이 꽃으로 존재하였다는 것이다. 당신의 깊고 큰 사랑이 이룩한 결실이라 한다. '결국 산다는 것은/살아온 발자국 마다/수없이 뿌렸던 눈물 속에서/어여쁜 한 송이 꽃을 피우는 일' 이라는 것이다. 삶이라는 것은 주어진 역경을 딛고 일어서는 참고 인내하여 피워 올리는 '눈물 속에 피는 꽃' 임을 확인시켜준다.

깊은 밤 잠 못 이룰 때
이 밤을 타고 흘러가다
어느 간이역 쯤 내리고 싶다
그 곳에서 나 홀로 아침을 맞으리
그 아침은 나만의 아침이 되어
새롭게 나를 일깨우리
간이역에 비추는 햇살은
나의 희망이며

나의 의지가 되리
나는 잠시 머물다
다시 떠나는
그 아침의 고적한 기차를 타리
햇살을 더불어 싣고
다시 돌아오지 않는
그 아침의 시간을 위해
나는 또 떠나리

– 시 「어느 간이역 쯤 내리고 싶다」 전문

늘 같이 가는 길이라 하더라도
더러는 혼자 가는 길이 있다
더불어 함께 가는 길도 즐겁지만
혼자서 가는 길은 더 많은 생각을 하기 마련
어차피 언제인가는 혼자이기 마련이라고
혼자가 되기 위해 외로움을 감수해야 한다고
그 날을 위해 혼자라는 연습을 해야 한다고
어차피 한줌 흙이 될 목숨인 것을
욕심을 비우고 가장 가난한 몸으로
가장 평화로운 마음으로
혼자 가는 길을 준비해야 한다고

– 시「혼자 가는 길」 전문

박하영의 두 번째 시집에서 분리될 수 없는 공간은 길이다. 결국 시인이 이제껏 살아 온 길과 앞으로 살아가야할 길의 교차점에 놓여 있지만 그 공간에는 어김없이 구속되고 싶지 않은 자유와 혼자이기를 꿈꾸는 '혼자 가는 길'이 있다. '깊은 밤 잠 못 이룰 때/이 밤을 타고 흘러가다/어느 간이역 쯤 내리고 싶다/그 곳에서 나 홀로 아침을 맞으리/그 아침은 나만의 아침이 되어/새롭게 나를 일깨우리(시「어느 간이역 쯤 내리고 싶다」중에서)' 오직 나만을 위한 아침이 되어 간이역에 비치는 햇살은 나의 희망이 되고 나의 의지가 되어 잠시 머물다 떠나는 기차를 타고 싶다는 것이다. 다시 돌아오지 않는 아침의 시간이 예비한 죽음의 세계 그 고적한 기차를 타기 위한, 나만의 시간을 위해 다시 떠나고 싶은 의지는 시「혼자 가는 길」에서 더욱 구체화 된다. 사실 우리 모두는 그 마지막의 기차를 타기 위한 인생길을 걷고 있는지 모른다. 생명에게 주어진 절대적 걸음은 죽음을 향한 수정할 수 없는 귀로 '혼자 가는 길'의 선상에 놓여있기 때문이다. '늘 같이 가는 길이라 하더라도/더러는 혼자 가는 길이 있다' 바로 언제인가는 혼자이기 마련인 때문에 혼자가 되기 위해 외로움을 감수해야 하고 그 날을 위해 혼자라는 연습을 해야 한다는 것이다. 어차피 한줌 흙이 될 목숨, 가장 가난한 몸으로 가장 평화로운 마음으로 혼자 가는 길을 준비해야 한다는 비움의 의지, 생명의 의미에 초탈한 구도자의 정신을 읽을 수 있는 대목이다.

추운 겨울
국도변 전깃줄에
토종 텃새 직박구리
줄지어 노는 모습
도솔미솔 레파시라
미파시도 라라솔~
움직이는 음표 그려가며
전깃줄 넘나드는 즉흥연주회
추위를 이겨보자고
까만 직박구리
이리 굴리며 저리 굴리며
신나게 이동하는
멋진 연주회

– 시 「직박구리 연주회」 전문

세상이 다 제 것인 양 욕심을 부려도

기껏 제 몸의 부피만큼 밖에 차지하지 않듯이
천 년을 살듯이 큰 소리를 쳐대도
고작 100살을 넘기지 못하는 게 우리네 인생인데
모든 걸 다 내려놓아야 하는 이 순간에도
더 많은 걸 손아귀에 넣으려 아귀다툼을 벌이는
앞을 볼 줄 모르는 우둔한 중생이여
좀 더 멀리 바라보며 관조해야 될 시간에
아등바등 헛된 욕심 그만 내려놓고
잃어버린 자신을 찾아 잠시라도 나를 돌아보게
인생은 한 번 가면 그 뿐
왕복표를 발행하지 않으니
이제는 내 자신을 추슬러야 할 시간
좋은 일만 하고 가도
시간이 얼마 남지 않았으니
저 만큼 인생의 종착역이
내 몸 뉘일 흙 한 줌 준비해 놓고
최후의 한 순간을
숨죽이며 기다리고 있네

– 시 「인생의 종착역」 전문

'직박구리' 라는 토종 텃새가 겨울 어느 하루 국도변 전깃줄에 앉아 경쾌한 하루를 보내고 있다. 이들은 겨울이라는 춥고 굶주린 시간을 견디기 위해 음표를 이리 굴리고 저리 굴리며 제 곡조의 연주에 여념이 없다. 이 쪽 저쪽 줄지어 앉았다가 자리를 옮겨가며 즉흥 연주회를 벌이는 이들의 모양이 생긋 생긋하다. 어떤 고단함과 장애도 딛고 이겨내는 용기를 보는 듯 하여 아름답다. 토종 텃새로 불리고 있는 직박구리의 연주를 국도변 어느 마을을 지키고 있는 농민의 원형으로 그려본다면 마을의 입구쯤에서 겨울 햇볕을 쬐며 장기라도 두는 촌부村夫의 모습이지 않을까 상상하게 된다. 한 해의 농사를 마무리하고 마을 정자에 나와 앉은 진정한 흙의 주인들이 벌이는 겨울나기이지 싶다.

박하영 시인은 아직 50대 후반, 노년의 나이라 말할 수 없는 중년의 나이를 살고 있다. 한참 할 일이 많은 우리 사회를 이끌어갈 중추적 역할의 동력일 수 있다. 그러함에도 박 시인은 생명에서 죽음이라는 문제에 관심을 두고 이 시집에서 굵은 메시지를 전하고 있다. 죽음으로 가는 나 홀로의 길, 이 길의 깊이를 여러 편의 시로 천착하고 있는 것을 보면 시인의 정신, 혹은 삶의 철학은 매우 깊은 크기로 시문학 안에 넓혀내고 있다는 반증이다. 무엇보다 '혼자 가는 길'의 익숙함을 위한 숙연한 자세는 '인생은 한 번 가면 그 뿐/왕복표를 발행하지 않으니/이제는 내 자신을 추슬러야 할 시간/좋은 일만 하고 가도/시간이 얼마 남지 않았으니/저 만큼 인생의 종착역이/내 몸 뉘일 흙 한 줌 준비해 놓고/최후의 한 순간을/숨죽이며 기다리고 있네(시「인생의 종착역」)에서와 같이 유한의 생명을 예비한 사람들에게 던지는 시인의 관심이지 싶다.

시집「직박구리 연주회」는 박 시인의 시 정신이 머무는 절대 공간이며 시간의 흐름 속에 직조해 놓은 생명의 연주회가 들린다. 추위(고통)를 견뎌야 하는 생명 있는 이들이 부르는 희망의 노래이며, 직선의 길에 닿기 위해 부르는 곡선 위의 노래이다. 경쾌한 곡조로 나태를 깨우는 열망이 있다. 때문에 직박구리 연주회는 내일이 없는 사람들에게 던지는 희망의 메시지이다. 언제나 무슨 일에서나 의연하고 담대한 박하영 시인의 두 번째 시집은 조용한 음성으로 삶의 진리를 깨우쳐주시는 어머니의 음성이 들린다. 고향의 새소리와 바람소리 솔잎향기가 난다. 고요히 저무는 붉은 저녁노을 빛이 아름다운 자연의 숨소리를 들을 수 있다.